99 Affirmations

Ultra-Puissantes pour

Nourrir Votre

Enfant Intérieur

Retrouvez Un Regard Innocent,
Amusez-vous, Riez !

Frank Costa

Table des matières

...

J'ai un cœur qui déborde de joie enfantine

Je nourris mon enfant intérieur et il me renvoie de l'amour

Je vis dans un monde d'émerveillement, magique et innocent

...

Introduction à la série

« Les seules limites sont celles que l'on s'impose »

Tout d'abord, je veux vous remercier et vous féliciter pour avoir téléchargé ce livre. Par cet acte en apparence si simple, vous démontrez à l'Univers que vous êtes prêt à agir pour devenir l'acteur et l'artisan de votre réalité, que vous avez décidé de faire ce qu'il fallait pour être plus heureux et plus épanoui.

Mais comment faire pour transformer ce premier pas en outil de changement puissant ? En utilisant un outil tout simple, gratuit, toujours disponible, qui ne demande que quelques instants chaque jour et qui ne nécessite aucun apprentissage : les affirmations.

Grâce à celles-ci, à la puissance du Verbe (qu'il soit prononcé verbalement ou intérieurement) vous reprendrez le contrôle de votre vie, un contrôle total si vous le souhaitez. Et pour cela, nul besoin d'attendre ou de suivre une formation : vous pouvez commencez aujourd'hui, et même maintenant !

On pourrait définir une affirmation comme une déclaration positive d'un fait ou d'un état comme s'il était déjà manifesté, formulée énergiquement et avec confiance. En réalité, vous le faites déjà tout ou long de la journée, souvent inconsciemment. Tout ce que vous pensez, tout ce que vous dites est une affirmation, une déclaration positive ou négative. Dès lors, il faut choisir avec soin ce sur quoi vous voulez vous focaliser, car cela tendra à se manifester ou se maintenir en l'état.

Les affirmations fonctionnent pour absolument tout, que ce soit pour améliorer vos conditions de vie, votre santé, trouver le travail de vos rêves, attirer la richesse... ou pour améliorer votre vie intérieure, progresser, rencontrer l'amour, vivre dans la joie, être respecté, vous défaire d'une habitude néfaste...

Quand vous constaterez les premiers résultats, qui arrivent parfois très vite, vous progresserez encore plus rapidement, car vous *saurez* que cela fonctionne. Débarrassé du doute et de la peur, vous reprendrez confiance en votre pouvoir créateur naturel et cela accélérera la manifestation de vos affirmations.

Les affirmations sont connues depuis les temps les plus reculés et sont utilisées avec succès par tout ce que le monde compte de champions, de grands sportifs, d'hommes d'affaires ayant réussi, de stars du cinéma ou de la chanson, de scientifiques brillants...

Comme eux, vous aussi pouvez apprendre à débloquer votre pouvoir et votre potentiel pour atteindre tous vos objectifs et relever tous les défis de la vie, qui sont là pour vous faire grandir en vous poussant à vous dépasser.

Pour utiliser efficacement les affirmations, vous n'avez qu'une chose à faire : vous en servir au quotidien, le plus souvent possible, avec foi et confiance. Si ces deux derniers éléments sont absents au départ, ou vous quittent par moment, ne vous inquiétez pas et continuez à travailler sur votre réalité à l'aide de vos affirmations. Au bout de quelques temps, des signes commenceront à apparaître qui vous indiqueront que vous êtes sur la voie de la transformation, et cela vous redonnera confiance.

Bien sûr, si vous affirmez une phrase telle que « *L'argent vient à moi facilement chaque jour* » et que votre réalité actuelle ne vous permet même pas de payer vos factures, vous allez en être conscient. Le but des affirmations n'est pas de vous mentir à vous-même ou de vous masquer la réalité des choses.

Le but est tout simplement de transformer la réalité actuelle en utilisant le pouvoir du Verbe. Donc, au bout d'un certain temps, les affirmations commencent à transformer votre paysage intérieur. **Tout commence toujours à l'intérieur, pour se**

manifester à l'extérieur. On peut également dire, en renversant cette proposition que **tout ce que vous voyez se manifester dans votre vie est le reflet de votre paysage intérieur.** C'est la même chose. Le monde est un miroir.

Par conséquent, en affirmant la richesse là où se trouve la pauvreté, la santé là où se manifeste la maladie, la joie là où il y a la tristesse, vous décidez d'effacer une illusion pour la remplacer par une qualité d'essence divine. En persévérant dans cette voie, en maintenant une nouvelle vision, l'Univers n'a pas d'autre choix que de modeler votre réalité sur votre paysage intérieur, car les deux sont indissociables.

Quand votre réalité commence à changer, vous devez continuer à faire votre part et à travailler avec l'Univers. Bien qu'il soit possible que des choses semblent se manifester « comme par magie » dans votre vie et que ce qu'on nomme « la chance » vous accorde ses faveurs, vous aurez en général à concrétiser des opportunités et à saisir les occasions quand celles-ci se présenteront.

Comme vous dégagerez des vibrations positives, vous commencerez à attirer sur votre chemin les personnes et les situations qui vous permettront d'avancer en direction de votre but. Et comme vous saurez pourquoi ces personnes et ces situations se manifestent, que vous saurez que c'est la réponse de l'Univers à votre requête, vous aurez la confiance et la motivation nécessaires pour agir. Vous n'hésiterez pas, que ce soit pour accepter un nouveau poste, prendre des responsabilités ou procéder à des changements radicaux dans votre vie. Vous vous sentirez maître de votre destin et vous libérerez de la peur paralysante et des doutes sclérosants.

Les affirmations contenues dans ce livre sont suffisamment nombreuses et variées pour que vous trouviez celles qui vous correspondent. Elles sont là pour être utilisées, alors servez-vous en !

Explorez-les sans limites. Si certaines d'entre elles entrent en résonance avec vous au départ mais qu'au fil du temps elles vous touchent moins, sentez-vous libre d'en changer. Vous pouvez même écrire les vôtres ! L'important est qu'en les utilisant, vous sentiez qu'elles vous transforment d'une manière positive et qu'elle vous donnent une énergie nouvelle. En travaillant de cette façon, des miracles se produiront dans votre vie.

Comme pour leur choix, ne vous limitez pas quant à leur utilisation. Vous pouvez utiliser les affirmations tout le temps et partout, en toutes circonstances. Elles peuvent aussi bien vous être d'un grand réconfort dans les épreuves et les situations compliquées que quand tout va bien. Ne cessez jamais de les utiliser.

Si vous êtes dans une phase négative, elles ont le pouvoir de transformer rapidement la situation de la meilleure manière possible. Si vous êtes dans un cycle positif, elles contribueront à le maintenir et l'embellir encore.

Au-delà de la résolution de problèmes et de l'atteinte d'objectifs, travailler quotidiennement avec les affirmations vous reconnecte avec l'énergie divine, ou l'énergie universelle si vous préférez ce terme. Peu importe que vous ayez une croyance ou non. Faites exactement ce qu'il faut faire, suivez la méthode que je vais détailler pour vous dans un instant, et vous obtiendrez des résultats qui dépasseront toutes vos espérances.

Vous êtes ici pour être heureux, sains, ne manquant de rien et vous réalisant à travers l'activité qui vous correspond et qui sera utile pour le plus grand nombre. Vous êtes unique et vous avez quelque chose d'unique à offrir au monde. En utilisant les affirmations, vous serez naturellement amené à vous accomplir.

L'utilisation des affirmations est comme un raccourci, une voie express vers la manifestation de ce que vous voulez dans votre vie. Si vous ressassez toujours vos problèmes, que vous vous plaignez de ce qui vous fait souffrir, vous affirmez une réalité et empêchez tout changement de fond.

Peu importe que vous ayez raison ou tort, ou que votre problème soit « réel » et vous paraisse insurmontable. Si vous voulez vraiment vous en débarrasser et renaître à une vie nouvelle, vous n'avez pas de temps à perdre à ruminer des idées et des sentiments négatifs, que ce soit envers vous ou envers d'autres personnes, la société, Dieu, la météo ou que sais-je encore.

Au lieu de cela, dites adieu à votre ancien monde et accueillez **dès aujourd'hui et sans réserve** celui que *vous* aurez choisi. Cela est si simple que vous vous demanderez très bientôt comment vous avez pu abdiquer votre pouvoir créateur pour nourrir les faux maîtres que sont vos propres pensées et sentiments négatifs, pures illusions sur lesquelles vous avez toujours eu prise.

La Méthode

Vous savez maintenant ce que sont les affirmations et ce qu'elles peuvent faire pour vous. Il est temps à présent de vous en servir.

Voici la méthode simple en trois étapes pour obtenir des résultats rapides :

1. **Choisissez** entre trois et sept affirmations parmi celles qui suivent + créez la vôtre.
2. **Répétez** ces affirmations tranquillement le matin au réveil et le soir avant de vous coucher + le plus souvent possible au cours de la journée.
3. **Écrivez**-les sur un cahier dédié chaque jour, au minimum une fois, dans l'idéal entre 10 et 25 fois chacune.

Combien de temps devez-vous pratiquer cela ? Jusqu'à ce que vous ayez atteint les résultats attendus. Cela peut-être très rapide ou un peu plus long. Il s'agit d'implanter une nouvelle vision des choses, de nouvelles croyances et de nouveaux sentiments dans votre subconscient. Dès l'instant où cela est fait, les changements suivent automatiquement.

Un minimum de 21 jours est recommandé dans tous les cas. Une « cure » d'affirmations sur un sujet donné de 90 jours transformera votre vie dans le sens que vous souhaitez et même au-delà.

Une fois votre but atteint dans un domaine, vous pouvez vous consacrer à un autre domaine et ainsi de suite. Vous êtes redevenus maître de votre vie. Repoussez les limites. Amusez-vous à créer votre réalité avec des objectifs de plus en plus grand.

Et rappelez-vous que les seules limites que nous rencontrons sont celles que nous nous imposons.

Note sur les affirmations

Bien que la plupart des affirmations qui suivent soient formulées au présent et de manière positive, certaines échappent à cette règle. En effet, comme toute règle, celle-ci n'est pas absolue et chez certaines personnes, le fait de désigner un mal ou d'indiquer ce que l'on souhaite pour le futur peut générer un puissant sentiment de bien-être et de sécurité, sentiments contribuant à accélérer la manifestation. Si tel est votre cas, n'hésitez pas à inclure une ou deux affirmations de ce type dans votre sélection.

D'autre part, certaines affirmations sont très proches l'une de l'autre et peuvent *sembler* quelque peu répétitives. Toutefois, tout comme en musique, les nuances sont importantes et chaque terme a une vibration qui lui est propre, chaque tournure de phrases fera résonner différemment en vous les mots qu'elle contient.

Essayez de trouver les affirmations qui suscitent chez vous le plus d'émotions positives. Ce sont celles avec lesquelles vous obtiendrez les meilleurs résultats, dans les délais les plus courts.

Affirmations

Je suis une belle personne, dynamique et enjouée

Je suis une présence unique et magnifique dans le monde

Je suis un enfant unique de l'Univers

Je suis un véhicule parfait pour l'expression de mon enfant intérieur

Je suis une source intarrisable d'énergie juvénile

Je suis une source de bonheur grâce à mon enfant intérieur

Je suis capable de rire de moi grâce à mon enfant intérieur

Je déborde de l'énergie positive de mon enfant intérieur

Je me sens accompli parce que je vis à l'unisson avec mon enfant intérieur

Je suis profondément comblé par mon enfant intérieur

Mon enfant intérieur me permet de générer une énergie positive

Je suis rempli de la lumière d'amour de mon enfant intérieur

Je suis rempli d'une lumière pour éclairer le monde

Je prend l'espoir et le courage directement de mon enfant intérieur

Je reste calme au milieu du chaos du monde grâce à mon enfant intérieur

Je suis aimé pour mon comportement agréable et enfantin

Je n'ai pas peur de rire de moi-même

Je nourris mon enfant intérieur et il me renvoie de l'amour

Mon enfant intérieur et l'adulte que je suis à l'extérieur ne font qu'un

Je suis protégé de la tristesse par les cadeaux de mon enfant intérieur

J'irradie une puissante énergie positive venant de l'intérieur

Je suis apprécié pour mon enfant intérieur actif et imaginatif

Je suis riche d'amour et de vie grâce à mon enfant intérieur

Je suis l'incarnation de l'équilibre grâce à mon enfant intérieur

J'avance dans la vie éclairé par la lumière de mon enfant intérieur

Mon esprit reste jeune grâce à la puissance de mon enfant intérieur

Je suis heureux quand je vois l'enfant intérieur chez les autres

Je choisis de voir la lumière que mon enfant intérieur offre à ce monde

Je considère mon enfant intérieur comme un cadeau de l'Univers

Je me réjouis de la présence joyeuse de mon enfant intérieur

Je me réjouis des merveilles de l'Univers, même les plus simples

Mon enfant intérieur est mon Etre réel et un élément essentiel de mon équilibre

J'aime l'esprit d'aventure de mon enfant intérieur

J'explore de nouvelles dimensions de la vie car je suis motivé par mon enfant intérieur

Je donne l'énergie d'amour de mon enfant intérieur à toute personne que je rencontre

Mon quotidien est plein de joie grâce à mon enfant intérieur

Mon enfant intérieur m'entraine sur le chemin de la paix et de la satisfaction

Une belle et créative présence rayonne à partir de moi

Une présence magnifique et enchanteresse vit à l'intérieur de moi

Je possède une présence créative et dynamique à l'intérieur

J'ai un cœur qui déborde de joie enfantine

J'ai un enfant intérieur unique qui a beaucoup à offrir à ce monde

Je suis riche de l'énergie inépuisable de la jeunesse

Mon enfant intérieur brille à travers moi en toutes circonstances

Tout ce dont j'ai besoin pour être heureux se trouve à l'intérieur de moi

Je possède un don merveilleux : mon grand sens de l'humour

J'inspire les autres à développer de bonnes relations avec leur enfant intérieur

Je salue avec joie les nouvelles expériences que je fais tous les jours

Je sais que les obstacles émotionnels sont une opportunité de croissnce pour mon enfant intérieur

Mon enfant intérieur attire des gens bienveillants autour de moi

Je laisse mon enfant intérieur me réconforter dans les moments difficiles

Je laisse mon enfant intérieur communiquer avec l'enfant intérieur des autres

Je laisse mon enfant intérieur étendre sa bonté à toute personne que je rencontre

Je laisse mon enfant intérieur me guider vers un but plus élevé

Je laisse mon enfant intérieur aider les autres à laisser s'exprimer l'enfant en eux

Je laisse mon enfant intérieur m'aider à rejetter la malice de mon esprit

Je laisse mon enfant intérieur m'aider à trouver de nouvelles solutions

Je laisse mon enfant intérieur garder ma conscience forte et en éveil

Je laisse mon enfant intérieur remplacer ma colère par de la compassion

Je laisse mon enfant intérieur briller de toute sa lumière, même pendant les périodes les plus sombres

Je laisse mon enfant intérieur répandre la paix partout où je vais

J'écoute patiemment mon enfant intérieur quand il me parle

Je vis dans un monde d'émerveillement, magique et innocent

J'écoute mon enfant intérieur avec le coeur pour obtenir des conseils

J'aime et j'accepte mon enfant intérieur sans limites

J'aime et j'approuve mon enfant intérieur

J'aime et j' apprécie de laisser mon enfant intérieur briller à travers moi

J'aime laisser s'exprimer mon enfant intérieur

Je diffuse un flux d'énergie de jeunesse tout autour de moi

Je me libère de ma négativité à mesure que mon enfant intérieur se développe

Je vois toute la beauté du monde avec des yeux neufs

Je vois le monde à travers les yeux de mon enfant intérieur

Je partage mon enfant intérieur comme un cadeau avec le monde

Je partage mon énergie de jeunesse avec les gens autour de moi

Je perçois encore toute la beauté du monde

Je transcende le stress par l'attitude insouciante de mon enfant intérieur

Je fais confiance à mon enfant intérieur pour me guider et me conduire au bon endroit

J'utilise mon enfant intérieur pour donner de la compassion en toutes circonstances

J'utilise mon enfant intérieur pour rassembler de l'énergie positive autour de moi

Je me réjouis de la nature ludique de mon enfant intérieur

A partir de maintenant, je vais me permettre de jouer et de profiter de la vie

A partir de maintenant, je vais être amusant et énergique, peu importe mon âge

A partir de ce jour, je serai guidé vers la bonne décision grâce à mon enfant intérieur

A partir de maintenant, je vais garder mon enfant intérieur créatif et le nourrir affectivement

A partir de ce jour, je vais rire et aimer sans crainte

A partir de maintenant, je vais laisser mon enfant intérieur répandre sa joie sur le monde

A partir de ce jour, je laisserai mon enfant intérieur propager sa joie dans ma famille

A partir de maintenant, je vais laisser mon esprit juvénile inspirer les autres

A partir de ce jour, je vais me permettre d'expérimenter une vie de joie et de bonheur

A partir de maintenant, je ne retiendrai plus les désirs de mon enfant intérieur

A partir de ce jour, je n'abandonnerai plus mon exubérance juvénile

A partir de maintenant, je ne laisserai pas mon enfant intérieur être étouffé par la négativité des autres

A partir de ce jour, je ne laisserai plus ma créativité être bridée

A partir de maintenant, je ne gaspillerai plus l'énergie donnée par mon enfant intérieur

A partir de ce jour, je nourrirai mon enfant intérieur avec joie et amour

A partir de maintenant, je me souviendrai d'avoir du plaisir et de profiter de la vie

A partir de ce jour, je me souviendrai de rire des petits désagréments de la vie

A partir de maintenant, je ferai confiance à mon enfant intérieur pour me garder jeune et dynamique

Je vais travailler plus dur chaque jour pour être plus en phase avec mon enfant intérieur

+

Inspirez-vous de ce qui précède, et rédigez ici *votre* *affirmation.*

En guise de conclusion

Les affirmations ci-dessus sont très puissantes mais n'oubliez pas que si vous ne vous en servez pas... il ne se passera rien.

Pour obtenir des résultats, il vous faut pratiquer sur une base quotidienne. La répétition est un facteur-clé. Il vous faut transformer vos vieux schémas de pensées pour les remplacer par de nouveaux que *vous* aurez choisi.

Suivez simplement le plan en trois étapes simples que je vous ai présenté en introduction et regardez ce qui se passe.

Vous êtes au bord d'un changement de vie radical, qui vous conduira vers la richesse, le bonheur, la santé, l'épanouissement personnel dans tous les domaines de votre vie et la réalisation de vos rêves les plus chers.

Ne laissez pas votre mental vous bloquer et *pratiquez* sans cesse, au besoin *malgré* le doute et le découragement car

« *L'heure la plus sombre précède toujours l'aube* »

Alors des miracles se produiront dans votre vie.

C'est tout le bonheur que je vous souhaite.

Frank

Merci !

Avant de nous quitter, je veux vous remercier et vous féliciter une nouvelle fois pour avoir pris le temps de lire ce livre.

Si vous avez aimé ce que vous y avez découvert ou si vous voulez témoigner des changements positifs survenus en pratiquant la méthode simple exposée ici, pourriez-vous prendre quelques instants pour laisser une évaluation sur le site d'Amazon ?

Chaque commentaire est précieux et permet aux auteurs de toujours s'améliorer, et aux lecteurs de se repérer dans la multitude de livres existant.

Merci à vous !